구상시인기념사업회 창작지원금 선정

# 바람 위의 집

# 바람 위의 집

배문석 시집

계간문예

## | 시인의 말 |

詩에 천착하는 이들은 용맹하다고나 할까? 살얼음판 같은 시류를 버티는 일이 녹록치 않은 탓에 더욱 그런 생각이 깊다. 시쳇말로 '시는 죽었다' 란 말도 무성하다. 거죽만 시인이라 일컫는 이들을 바라보는 세상의 눈총이 따가운 이유가 그럴듯하게 여겨지는 대목이다. 돈도 안 되는 글을 왜 쓰냐는 핀잔에 이르면 더욱 말문이 막힌다.

시가 무엇인지 어렴풋이 잡힐 듯한 느낌에 이르면 세상의 인식은 야속하기만 하다. 용기를 북돋기는 커녕 아예 핀잔으로 일관하거나 외면하다시피 한 세태가 인문학 멸종과 무관하지 않은 느낌이 들기 때문이다. 그럼에도 시를 쓰는 일은 자신과 세상을 아름답게 조명할 수 있는 감성 발견 같은 것이 아닌가 싶어 더욱 나를 다그친다. 나 또한 원숙하지 못한 글쓰기에 집착하는 이유는 단 하나다. 시인이어서가 아니라 내 안의 순수를 발견하고 싶은 욕망의 소산일 수도 있다. 자아를 다스릴 시간의 무게는 늘 같지 않아서 시의 무게도 그와 다르지 않을 거라 생각된다. 곰살스럽지 못한 이 글이 내키지는 않지만 서정에 물든 내 안의 시어들을 어줍잖은 얼굴로 세상에 내놓으려한다. 이미 지면을 통해 발표한 졸작들과 신작들을 모아 묶어보지만 못갖춘 마디처럼 시원찮은 느낌이 짙다. 몇 번째 나눔의 자락쯤 될 것 같은 이번 시집이 다시 힘을 내는 결기로 굳건해지고 싶다.

이게 내가 가야 할 시업詩業이기 때문이다. 눈길 모아 주신 선배 동료 동인들께 고마움을 전한다. 특히 이 시집을 펴낼 수 있도록 뒷받침해 주신 계간문예 정종명 발행인님과 정갈한 해설로 긍지를 높여주신 허형만 교수님께 큰 절을 올린다.

2018 戊戌年 仲秋 星雨齊에서

■ 목차

# 2부
## 어머니는 달에 사신다

# 3부
## 사유하는 것에는 날개가 있다

# 4부
## 청자青瓷 굽는 사람들

# 5부
## 바람, 입술로 채색하다

# 6부

## 감응感應의 물

# 제1부

## 사유思惟의 강

## 초우草雨

강아지풀이 실낱같은 몸매로
겨울 볕을 흔들고 있었다
바람이 심하게 울부짖고 나면
풀씨는 강아지처럼 사방으로 흩어졌다

개똥지바퀴가 눈물 같은 씨앗을 주워 먹고
푸른 바람 앞세워 창공으로 날아갔다
꿈꾸는 그림들이 떠난 마른 들에
무거운 몸을 끌듯 비가 추적거리고 돌아왔다

새의 깃털처럼 날아 오른
강아지 풀씨들이 빗방울 따라
외로움도 함께 보내왔다

퇴색한 콘크리트 위로
겨울비는 스스로를 허물며 눈물로 뼈를 만들고
가끔 허우적이는 소슬바람이 살을 붙여갔다

회색의 도시가 생기를 머금고
몇 번인가 소멸과 탄생의 사선에서
강아지풀은 씨눈을 뜬다

겨울 사이를 갉아낸 초승달은
아파트 베란다 모서리를 물고
멀미하듯 우두커니 서 있다

# 눈물 인어

당신의 깊이를 알기 위해
눈물 속을 누벼간다

한 줄기 흘러내린 흔적에서
세상은 알고 싶은 만큼 깊고

저 깊은 뇌수에서
그대가 유영하는 넓이만큼

다른 밀도로 녹아있는 거기,
기쁨과 슬픔이 엉겨있는 바다

그대는 자취 없이 사라지는
카타르시스

# 민들레

천상에서 내린 여린 목숨들
척박한 땅 이기고 웃는
돌 틈에 내민
한 송이 꽃

바람 폭에 날리던 작은 몸짓도
길손에게 내민 고백인데
노란 미소 번지는
너의 입술은 무서운 가시,

너의 계절이 열리면 어김없이 피어나는
질기고도 소리 없는 목숨
파랗게 흔들리는 눈썹 끝에
빛살 넘어 하늘을 담아내고 있다

# 겨울노래

— 광주항쟁 그 이후

그곳은 동토였다

희미한 햇살 한 줌에도
끊어질듯 한 허리를 굽히고 늘어선
개미들의 행렬이 고달프다

혹독한 겨울을 읽고 있는 그들에겐
톰소여의 모험 같은 두려운 희망마저
동굴 속 치열한 삶으로 치부해 두었다

이리떼 우글거리는 거리
광란을 노래하는 현란한 불빛 속으로
더듬이 잃은 개미가족들이 위태로워 보인다

더 잘록해질 수 없는 허리를 끌고
얼어붙은 침묵을 흔들어 깨우면
개미들 남은 마디는 하나씩 끊겨갔다

어둡고 긴 계절이 잊혀 진 눈보라를 부르며
하얀축제의 하늘을 기다리는 동안
개미들 겨우살이는 참혹한 동토

햇살 기지개 켜는
낮은 곳으로
지혜로운 봄은 양지를 찾아 스며드는데

눈꽃 날리는 시린 날에도
나무들은 헐벗은 채로
바람의 채찍을 맞으며 울고 있다

# 바다

처얼석 쏴 –

하얀 울음 달려오거든
잊혀 진 그날의 그리움이었을 거라고
거센 바람 흔들고 가거든
아쉬움 남긴 인연들 속삭임이었을 거라고
포말 일으키며 울고 있는 너울 속에
사랑 고독 이별 슬픔이 잔해로 떠돌고
빈 하늘 그 자리에 여인이 운다
반짝이는 은비늘 세우고
해파리 조가비 미역 다시마 같은
다정한 이웃 홀로 거두면서

# 가을 서정

시린 하늘이
발끝에 떨어진다

온 몸 붉도록
산과 들 심장만 태워놓고

야윈 바람 앞세워
갈빛 한 줌 허물어 낸다

그리운 이름들
눈물샘 깊이 묻으며

# 어미의 수상록隨想錄

처음부터 어미의 품은 바다였다
태고가 넘실거리는 모반에서
젖줄로 이어지는 달콤한 강을 흠모한 탓에
새록새록 샘솟는 모성애는 바다의 밀도가 된다
해가 차오르면 분만의 성스러운 의식이 거행되고
뼈마디 부서지며 밀어낸 어미의 분신에게
모천으로 향하는 연어의 비밀 읽혀 보내나니
더 너른 곳을 향한 산도産道를 너희가 아는 까닭에
바다가 멀리 쓸려갔다 다시 밀려오는 것처럼
어미는 달빛 같은 그 물결로
품으로 회귀하는 너희를 손꼽으며 기다린다
풀잎 위 이슬 한 방울이 낮은 곳으로
더 낮은 곳으로 흘러가 바다로 포개어지듯
가끔은 밤마다 별을 걸어주며 눈빛 나누던 그 생애 속에서
포근하고 따뜻한 노래로 포동포동 너희는 커 간 것이다
너그럽고 인자한 품격 높은 바다가
옹골진 목숨 품어낸 어미의 풀어헤친 첫 가슴이었음에
이미 너희는 뇌수의 강에
지울 수 없는 바다가 거기에 출렁이고 있는 것이다

너희가 어미의 너그러운 눈빛을 닮아
세상의 착한 나무로 자랄 것을 믿기에
바람 같은 빗줄기가 오고 있는 쪽으로
달의 빛깔만큼 깊게 침묵하는 어미의 바다는
하루가 열릴 때마다 출렁이는 음성으로
깊어진 주름의 넓이는
낭랑하게 물결치는 기도였음을 하늘의 별들은 안다
하늘의 달은 안다 하늘의 해는 안다
너희가 자라 어미의 바다를 떠나간 이후
삭은 시간의 무게로 하얗게 부서지는 머릿결이
오늘, 이렇게 눈부신 은혜로 축복하나니
가볍게 흔들리는 바람결만 스쳐도 손 모으는
어미에게는
파도만 가슴에서 가없이 철썩이는
눈물의 바다, 한숨의 바다였다
본디 변함없이 순한 결 고운 바다였다

# 여자의 바다

그 바다는
은비늘 번득이는 인어들 세상
파도가 겹겹이 밀려와 혀를 내밀듯
여자는
달마다 흘러 보낸 강이 손짓할 때마다
가슴에 모성의 길을 연다
비단처럼 여민 그 길은
편지를 쓰지 않아도 본능을 읽어 내는 눈이 열리고
심장으로 난 물길이 더 낮게 전율하는 사랑의 뿌리였기에
푸른 숨 여닫는 틈새
누구나 한 번쯤
은밀한 여자의 우물로 눈을 뜬다
한 방울씩 고이는 이슬이
송골송골 맺히며 새벽 순례 떠나고
천둥을 거느렸던 그 어진 성정으로
맑게 솟는 우물 속은
푸르게 다독여간 미리내였을 것이다
누구나 어렵고 기막힐 때 부르는
그 얼굴이 모천으로 오르는 길을 떠올리는 것처럼

모진 생애를 밟고 지나온 빗금이 아득해진 지금,
마르지 않고 심장에 흐르는 숨소리가
정낭 너머로
어미의 육신에서 진액 빨아 올린 강이었느니
이 저녁, 강물에 물든
노을은 붉은빛으로 이울고
검은 머릿결 휘날리는 그 바다에서
그리노라 그리워하노라
가슴 열고 손짓하는
인어들 노니는 그 물길에 서서

# 여의도 샛강

— 샛강생태공원에서

도시가 삼켜버린 강 언저리 섬
뿔논병아리 한 쌍 둥지를 튼다
신혼의 단꿈 보금자리 너머
부리가 닳도록 도시의 밤을 쫀다
자동차 전조등이 어둠 훑고 가는
전동차와 기차가 건너는 한강철교 그 아래
"덜커덩" 귀청 뜯는 굉음들을 저항의 부리로
쉴 새 없이 깃털에서 쓸어내린다
눈을 들면
신기루 같은 빌딩들이 즐비한 섬의 바깥,
거기엔 하늘 찌르는 허욕이 절벽으로 서있다
때가 되면 화려한 귀향을 꿈꾸며
철따라 비켜가야 하는 까닭에
둥지는 그만큼 날카롭게 반응한다
키 높이로 하늘 들이고 있는 갈대가
한 겹씩 불안을 품안에 거두며
생명의 알 서너 개 품고
샛강 명주바람만 입술을 얹는다

## 장마

누가 저리 누란의 곡을 쏟을까
뜻 모르고 뛰는 삽살개를 좇아
누가 저리 눈물을 쏟아 낼끼
맺힌 걸 걷어내고 싶었을 거야
하늘은 울었다 웃었다
햇살도 얼굴을 폈다 접었다
세상 갈피에 꽂아 둔
긴긴 가슴속 이야기를
하염없이 주룩 거리는 게야
종아리까지 차오르는 개울로
오염된 마음 풀어내는 씻김굿이야
다 지나가면 그만인 것
새날 돋는 아침이 눈부시듯이

# 잡초

눈길 가벼운 바람이
허리 휘도록 유혹하던 날
나는 너에게 혹은 너는 나에게
기다리지 않겠노라고 눈빛 끊었던 일
뼛속에 그대로 절여있다
풀 향기 그윽한 풀 더미에서
끝내 들길로 향했던 몸부림들,
가냘픈 웃음 한줄기 머릿결에 얹어주며
누가 너의 슬픔 거두어준 적 있을까
거미줄에 걸린 금빛 햇살 몇 개 가슴에 꽂은 채
실낱처럼 뻗어 간 그 궤적에서
날마다 심장을 줄기로 펴 올리며
혹은 사막에서 더러는 정글에서
때로는 눈길 닿지 않는 들의 모퉁이에서
푸른 잎 갈기처럼 세우며
반듯하게 고개 들었던 너
결코 지울 수 없는 길섶에 서서
원시를 꿈꾸며
붉은 해넘이를 받아내고 있다

# 감꽃마당이 붉어지면

감나무 가지마다 붉게 무늬를 짓고
툇마루에 오른 저녁놀이 꽃물처럼 번진다
빨랫줄엔 무명옷 몇 벌이 허리를 꺾고
올 마디에 느른 해를 너는데
목 늘인 그림자는 야릇한 입술로
감꽃 송이마다 계절을 입혀간다
주렴 안 문설주엔
감꽃향으로 추억을 그려간다
퀭한 골목 빠져 나간
귓바퀴에 가물거리는 나분들 팽나무의 하품도
종일 게으름 깐 멍석에서 굴러다니고
감꽃반지 손에 끼던 소녀의 발자국도
우물가 그날을 눈시울에 올린다
담장마다 올려지는
울먹인 천둥들과 달콤한 달빛
씨방에 깔리는 그 계절을 읽고 나면
토실하게 굵어질 감들은
수줍게 얼굴만 붉혀가고
그녀의 꽃신도
담장 뒤 빛비렌 추억으로
한 켜씩 내딛는 발길만 감꽃마당을 다녀간다

## 달의 우화羽化

나비의 육탈은
아픔을 무늬로 다듬는 의식이다
사람은 알 수 없는 까닭에
형형의 무늬 진 빛깔로
한 번의 하늘을 날기까지
헛된 허물을 벗는 일이다
다섯 번의 허물벗기
달을 채우고 나서야 비로소
하늘로 비상하는
날개에 얹힌 무늬를 보라
눈부신 부활을 보라
은은하게 달빛 머금은

# 제2부

## 어머니는 달에 사신다

# 말그내 한가위

해마다 시루봉에 뜨는 달은
쟁반만큼 둥근 정감만으로
도란도란 송편을 빚는다
피리동 탁쟁이를 돌아
집집마다 웃음소리 서당골을 채우면
동네 뒷골목은 아이들 세상이 열린다
우르르 몰려갔다 몰려오는 달음박질 소리로
아이들 꿈은 영글고
양땅은 그들 희망의 터밭이 된다
암모실을 끼고 도는 시내가
말그내의 핏줄이었듯이
나분들 팽나무는 동구 밖 수호신이다
마을 가득 구수한 지지미 냄새
단풍잎 같은 아이들 손길에 쥐어지면
알뫼산에 걸린 한가위 보름달은
중천에서 빙긋이 인사나누듯 웃고 있다

# 고목古木의 기도祈禱

노령산맥 발끝쯤 옹기종기 두른 봉우리
어깨동무하다가 다소곳이 앉은 시루봉 아래
도린거리며 마주한 처마엔
전설이 파랗게 걸려있다

물이 고와 말그내라던
동네 어귀 팽나무, 계서어나무 숨소리가
나지막이 가슴에 내려와 스며든다

뿌리로 내려가면
귀가 돋는 영험한 혈맥마다
고인돌처럼 푸른 옛날이 보이고

날 빛 숨 피었다 지는
오백년 아우른 거수목 키 높이로
나무는 수호신 같은 신앙으로 버티고 있다

기도 짓든 산과 들 환하게 웃는
고목 언저리엔 아침부터
햇살이 신비스런 말 속삭이고 있다

## 고향

말그내는 아이들 입으로 매겨 논 번지가 있다
동네 어귀로는
느람모퉁이 나분들 효자각이 그렇고

말그내는 아이들 몰려다닌 꿈이 서려있다
옹기종기 모인 처마를 두고
양땅 뒷뜽 앞대미 뒷대미가 그렇다

말그내는 아이들 웃음소리로 해가 뜨고 진다
늘 그들을 기다리며 반기는
보막꿀 피리동 암모실 우꿀이 그런 곳이다

들어도 만져질 것만 같은
삼바실 가재 생애집 생애바우로 불리는 아이들 번지

더러는 키 크고 오래 묵은 팽나무 계서나무들이
더 멀리 나가는 이들에게 손 흔들듯 가지를 흔들어 보내고
외로운 아이들을 불러
품 안에서 달콤한 팽열매 군것질로 내놓는 구멍가게

지금도 잊힐 리 없는 꿈 속 풍경이다
그 애들을 키우고 보살피고 여물게 한
살 냄새 진하게 멀미하는 내 심상의 뿌리나

주: 지명의 이해
말그내–맑은내, 느람모퉁이–굽어진 길, 나분들–넓은들,
양땅–양학당, 뒷뜽–뒷동산
앞대미 뒷대미 암모실–앞마을 뒷마을, 보막꿀–보가 있는 골,
우꿀–윗골
피리동–피라미가 많이 사는 개울, 삼바실–삼밭+마실,
생애집–상여를 보관하는 작은 창고, 생애바우–상여같이 생긴 바위

# 어머니는 달에 사신다

밤마다 뜨는 달이
커졌다 작아지는 것은
어머니의 조바심만큼
가슴을 졸이기 때문이다

낮달로 머무는 동안
어머니가 보이지 않는 것은
거미줄 같은 생각이
욕심으로 가라앉기 때문이다

생각을 꼽아보다 문득
펴 올린 아득한 이름,
어머니-
어머니-

감나무에 걸린 둥근 달을 당겨서
어머니는 다듬이 소리 귀 돋으며
피붙이들 발길만 줍고 계신다

# 기적소리

산 너머 쟁기질소리
논배미 울먹이고 달아나면
황소 눈만큼 착한 들판이
망망한 가슴에서
푸른 바람 일으키며
두 줄 선로를 질주한다

장대비에 엉긴 넋두리도
재 너머 기찻길로 가자는데
안개 같은 꿈길 건너
안달 난 마음만
비릿한 경적에 얹혀간다

# 나분들 그 너머로 눈을 뜨면

청보리 물결 넘실거리는 바다
그곳은 늙은 팽나무가 굽어보는 너른들
창포에서 몰고 온 갯바람에
꼬막이라든지 고동이라든지
참게가 지천으로 잡히고
재수 좋은 날은 쏙딱가재 몇 마리도 함께
논길 따라 구덕에 담고 오는 큰어머니 발걸음이랑
푸짐하게 딛고 오는 넋두리가 노을처럼 발길에 묻든다

조는 듯 엎드린 처마와
나란히 어깨를 걸친 담장이 그림 같은
질감나무 고샅길에 반듯하게 놓인 그 집
어머니 기침소리 고사리 손길 쓰다듬고
토방이 닳도록 들락이던 요람
그믐 밤 달걀귀신 채알귀신이 산다는 우꿀로 가는 길은
사슴 울음소리만 길게 목 늘인
비로도 같은 길이었다

소쩍새 몇 밤 울고 난 후
동백꽃 붉게 목을 떨구던 그해 겨울
이남이 누나는 시집갔다

가마를 보내고-
지그시 시루봉 눈길 내려놓은 효자각 발치쯤
창포바다에 떨어지는 땅거미도 붉게 울었다

아득한 시간은 사방으로 흩어지고
논두렁 밭고랑마다 넘실거리는
어느 품이 솜털처럼 이렇듯 포근하랴
어느 손길이 비단처럼 이리 고우랴
어느 발길이 군불 지피듯 이처럼 따뜻하랴

아이들 군것질 내어주던 팽나무 가지엔 낮달이 졸고
봄빛처럼 뿔뿔이 흩어졌다 먼 바다에서 철썩이는
그리운 벗들 귀향만 푸른 물결로 꿈꾸고 있나니
퇴락하는 기억들 풀 섶마다 눈 뜨는 지금,
빈 들 살피는 건들바람도 기억을 흔들며 풀잎에 눕는다

나분들 그 너머로 눈을 뜨면
큰어머니, 어머니 골진 주름살에 이는
말그내 그 풍경
빗살로 심장에 박혀 맥박에서나 기억할까
초침 사이로 멈춰진 내 그림자

## 대추를 따면서

솜털 같은 구름 몇 덩이 오갈 때
대추나무에는 얼기설기 이야기가 익어갔다
그랬다, 생각도 자라서 높아지겠거니
세찬 비바람 흔들고 지난 밤
무수히 떠돌던 헛된 말들도
햇살 섞여 녹이면 철들 거라고 등을 쓸어 주기도 하고
천둥 울먹인 쌘비구름에 높이 끼워두기도 했다
처음 들락 이던 곰살궂은 말들은
잦아든 억수비나 싹쓸바람에 움츠렸다가
하늘나기 무섭게 대추나무 가지에 걸리곤 했다
낮 밤 가리지 않고 풋대추 익어가는 시간
때로는 어진 마음 풀어 논
비단 같은 살결을 부비기도하고
가을 햇살 단맛으로 스며들어
붉어진 거죽마다 계절 엉기는 일도 살갑기만 했었다
몇 번의 비바람은 예고 없이 다녀가고
또 몇 번의 그믐밤이 나뭇가지에 시름을 얹고 간 뒤
촘촘히 달빛과 햇빛 씨방에 채우면서
바람과 서릿발이 긋고 간 줄무늬 깊이

쪼글거리며 오그라든 골진 피부 그 아래
큰어머니 어머니 주름도 같이 패어갔다
곱던 새색시 윤택한 얼굴이
억척으로 핏줄들 보듬어 가느라고
주름진 고랑마다 사그라지듯
젊은 생애는 심장을 태우며 붉게 익어갔을 것이다
예닐곱 어린 눈에 어머니 큰어머니가 그랬듯이
지금, 손에 쥔 대추 한 아름
명절 차례상마다 정성껏 높이 고일 일이다

# 꿈꾸는 창포바다

쉼 없는 물결이 밀어낸 후에야 알몸이 되는
창포갯벌, 한나절은 취한 술기운처럼 눕고
또 한나절은
까맣게 탄 속살 두 번 열고 닫는다

갯내음 철석이며 가슴을 열 때마다
썰물이 끌고 간 붉은 노을 혓바닥 아래
비릿한 풍경들이
달의 분화구 닮은 구멍마다 꿈을 꾼다

혀를 내밀고 짭조름한 세상 살피는 조개랑
뿔뿔이 달아나다 숨고
다시 나와 달리는
참게들 놀이터인 그곳

달 마중에 지천의 고동들이 귀를 열고
펄을 삼키며 몸집 불리던 꼬막들 휘파람까지
저마다 살가운 풍경으로
물이 들면 금세 지워지는 그리운 이름을 쓴다

달이 기울어 바다가 가득하면
그믐처럼 누운 모래톱은
쓸쓸했던 뱃고동이 밀려와
은빛 설움만 출렁이며 귀를 적셔두고 떠난다

물이랑마다 시름이 그물처럼 차오르면
찰진 갯벌은 순한 목숨들을 이끌고
쫄깃한 바다 냄새로
간밤 꿈속에 들어와 눕는다

# 목포행 무궁화호

별들보다 많은 눈들이
가늘게 실눈 뜨는 이 저녁
밤을 향해 뻗은
선로 위로 옛날이 깜박인다

설레는 가슴만 질주하는
상경과 귀향 그 틈바구니에서
긴 외마디를 남기며 달려가고
또 달려오는 기차엔 꿈들이 길을 나선다

날이 새면 멀리 달아날 과거 속의 새처럼
자꾸만 살아나는 그 이랑을 좇아
달래 냉이 씀바귀 캐던 언덕배기로 속력을 낸다

낡은 기억에서 마알간 동심이 차창에 엉겨
길게 숨을 뿜어내는 철길 끝
아득히 밀려오는 개울가 앵두나무는
연분홍빛 손만 살갑게 흔들고 있다

# 뜨락에서

처음 호미 들고 문패를 걸었을 때
채송화 몇 그루 낯설게 바다를 지켰을 것이다

어쩌다 지나치는 뱃고동소리라든가
밤새 높게 흩어지던 파도소리 뜰에 철석일 때마다
한 겹씩 쌓이는 흔적들

어느 여백이 저리
따뜻한 가슴으로 채워지는 그림으로 채색 되는가

누구나 한 번쯤은
만남의 경계가 두렵다는 것을 안다
그 수평선이 어디쯤에 그어져 달리는지 알지 못해도
먼 바다로 나간 풋사랑 같은 눈빛이
뜨락에 번지는 천진한 얼굴들이다

마냥 신나고 흥겨울 우리
허허로운 담장 허물고
그래, 꽃으로 어울려 사랑하자

# 귀향, 그 겨울역에서

똑똑, 알 수 없는 영역을 두드린다
인연이었거니
깊게 밀려오는 푸른 바람 갈피마다
만났던 이름들 가지런히 모아놓고 밤을 건너간다
내 귀는 벌써,
순백의 소리 넘치는 눈꽃 바다로 가고

벌거벗은 나뭇가지는 꽃이 핀다
굴뚝새 울음소리 메아리 져 흩어졌다 다시
뭉글뭉글 새하얀 눈꽃 속에 묻혀가고
대합실을 누빈 싹술바람은
그리운 이름들을 차례없이 쓰다듬고 간다
떠났던 발길 켜켜이 쌓일
텅 빈 꿈속 대합실은
액자 속 고향길로 길게 그림자를 누이고 있다

# 시루봉

눈을 감으면
말그내가 안개 피듯 떠오른다

문바위 오르던 실루엣 같은 기억
어린 시절이
온 몸을 휘감아 돌고

마당 한쪽 누룽지 눌던 가마솥엔
구수한 옛날이 모락모락 피어난다

소담스러운 돌담 골목 누비던
벗들 이름마저
아련한 지금

하루가 여물 듯
시루봉 안부도
돌담에 배어 있겠다

# 살풍경 말그내

밤에 돋는 별이 살갗에 스며들어
뇌수로 간 까닭을 알게 되기까지는
그리 오래 걸리지 않았다
레미제라블 마농의 상실로부터

밤마다 물음을 던지고 간 희미한 빛줄기에서
사금파리에 잘게 그어진
시간의 틈바구니로
뿔뿔이 풀빛으로 흩어진 이름들

흙내음 물신거리는 고랑 너머로
삼베 적삼과 짚신 몇 켤레와
물동이에 허기를 나르던
물결 같은 얼굴들이
이름표만 내게 쥐어주고 지나갔다

동네 어귀나 마을에 귀를 댄 시루봉 사타구니로
꽃상여가 나가던 날
구성진 눈물들이 바람처럼 죽음을 떠나보내고
동네는 고개를 꺾은 채
길모퉁이에서 만장으로 펄럭이고 있었다

길게 펄럭이던 상여소리 잦아들고
개들 하품하는 혀에 해가 걸려있는 동안
흙먼지 일으키며 달리는 자동차소리들이
팽나무길을 따라
풀 짐 진 청춘의 검정고무신에 몇 겹씩 스며들었다

동경과 탈출 그 설레임이 푸른 터널을 넘나들 듯
어둠 깊어질수록 꿈결에 잘랑거리는 워낭소리처럼
도회로 가는 꿈은
헐거운 바지춤을 들락이고
어느 청춘은 상어 뱃속 같은 도시로 흘러갔다

언제나 품으로 들이거나 떠나가는 핏줄에게
살가운 얼굴로 손 흔들어 보내는 일 잊지 않고
힘겨운 발길을 마중하는 말그내 풍경들은
팽나무 꼭대기에서 기다림의 염주알을 굴리고 있었다

말그내는 낡고 품위 없이 세월에 깎이면서도
시루봉과 알뫼산이 내려다보는 그윽한 눈빛으로
팽팽하게 당긴 활시위처럼 눈을 뜨고
고즈넉이 품에서 키워낸 개구쟁이들을 기다리고 있었다

# 낙지

바닷가 횟집 식탁 위 접시에는
하얗게 질린 맨살 토막들이 몸부림친다
아마 바다가 그리웠던 게지
철석거리며 밀려오는 파도소리로
저 빨판마다 귀 열었을 뻘밭의 해조음
차마 닫지 못해 빨판 접시에 붙이며
발버둥으로 바닥을 맴돈다
어쩌랴 그것도 잠시 뿐
초고추장에 발려져
어느 식도락가의 입안으로 쏙
결국 한 쪽은 온 몸으로 보시하고
또 한 쪽은 흡족한 맛에 느긋한 술잔이 돈다
취기 오른 창 너머로
저녁놀이 바다에 붉게 물들어가듯
바닷가 횟집은 온통 빨판 같은 발길들이 모여든다
지친 복더위에 황소도 저놈 한 마리면
벌떡 일어난다는
바다가 송송송 썰려서 목을 넘는다
쏴르르 쏴르르 파도가 밀려 왔다 풀어져 가듯이

## 굴비
— 영광 명가어찬의 식객 체험

바다가 상머리에 철썩거린다
만선의 깃발 파시 이루던
뱃고동이 뚝배기마다 가득 채워신다
보리 항아리 속 둥근달도
젓가락에 집혀서 목을 넘고
구수한 어머니 손길에 침 고이는
꼬독꼬독 알밴 조기 맛들이던 계절도
쫀득하게 숟가락에 얹혀서 씹혀지고 있다
검게 그을린 어부들 뱃노래가 목젖 넘는 동안
헐벗은 풍경도 뱃속으로 내려간다
입안 구석구석 맴도는 보리굴비 쪽살 한 점
눈치껏 숟갈 위로 정갈하게 올려지면
찬물 말은 보리밥 한 사발
도란도란 맛깔스러운 저녁이 배부르다
옛 마당 누비던 마파람과
상머리에 이는 파도가 어긋나도 오늘은
눈썹 위로
달마저 빙그레 웃음을 포갠다

## 양파
— 황토골 무안

얼마나 질긴 기다림이었을까
탱탱하게 당겨진 전선은 윙윙 울고
목을 뺀 야윈 나뭇가지가 으스슥 으스슥
몸서리치는 겨울의 턱을 괴고 보채던 눈길 보낸다
승달산 등성이 너머로
날카로운 계절 물레에 얽혀 돌던 날들
무명 잣던 손 흘림에 살 에임은 물러나는데
갈참나무 휘파람 잦아든 밭이랑엔
싱싱한 몸짓이 기지개를 켠다
말라버린 지난날을 벗겨내고
오롯이 돋아난 냉이며 달래들이
야윈 눈을 비비며 일어서는 들판에
봄빛은 가늘게 흙 갈피를 열고 눈을 뜬다
하얗게 부풀어야 했던 긴긴 이야기
한 겹씩 엷은 막을 여며 가는 밭이랑에 눈을 돌린다
물오르는 소리로 뽀얗게 속살  굵어진
옹골진 맛이 사각사각 영글었을 저 들판,
볼그레한 얇은 막 조차
농부들 피 땀이 스몄을 터

벗겨도 벗겨내도 하얀 살 뿐인 품속으로
그림처럼 번져가는 고향이 거기에 있고
나는 그 품속 끌어안고 꿈을 꾼다
달고 맵게 씹혀지는 이 맛
백련 향 은은한 무안의 숨소리를

# 종鐘의 귀

말그내 팽나무는 이명耳鳴을 앓는다
해가 질 때
알뫼산 넘는 눈부신 소리로
달이 뜰 때는
시루봉에 솟는 살강한 달의 소리로
심한 멀미가 나기 때문이다
멀미를 쫓기 위해 팽나무는 종鐘을 친다
때로는 땅거미도 마을로 내려와 종鐘에 이울고
까치와 맵새들도 종鐘을 쪼는 일이 잦다
먼데로 나가는 이들이 한 번씩 치고 가는 종이
아리게 울지 않는 까닭은
넉넉한 가슴에 바다를 담고 있기 때문이다
종鐘 안엔 철썩이는 바다가
열고 닫는 소리로
유령처럼 하루를 다녀간다
나분들 팽나무가 길게 하품하는 한나절
가끔 질주하는 자동차들 굉음들만
가지에 얹혀 앙금을 입혀 갈 뿐,
천 개의 눈을 건 종鐘은

그리운 이들 품으로 물비늘에 편지를 띄우고
오늘도 여며둔 말들은 바다로 향한다
참게 고동 망둑어 같은 낮은 이름들이
말그내를 향해 잰걸음으로 달려와도
저 귀에는 발소리가 들리지 않는다
바람만 스쳐도 울리던
팽나무의 이명耳鳴,
밤마다 다녀간 꿈속 풍경이
달팽이관에 묶인 채
날마다 종鐘의 귀에 뎅그렁 거린다

# 동면冬眠

벽에 목 맨 붉은 양파자루에
푸른 불길이 인다
너부죽이 눈 감은 붉은 표피
맞댄 체온 푸른 그 입김에
어머니 얼굴이 달처럼 뜬다
치마폭 가장자리로 골을 낸
황토밭 이랑마다 푸르게 살펴 온
모후의 바람이다
바람 폭엔
농부들 땀 밴 얼굴이 얼룩으로 무늬지고
눈 감으면 오월의 들판이 속살을 연다
양파자루엔 시나브로 누런 금물결이 밀려와서
황토밭 너른 들로 파도를 탄다
지금은 벽에 갇힌 계절이 목을 죄고
겨우내 닫았던 귀에
양파 밭 씨알 굵어지던 이야기
푸른 혀 삐죽이 내밀고 봄을 날름거린다

# 제3부

## 사유하는 것에는 날개가 있다

# 얼음 인형

영하에만 살 수 있는 얼음인형은
날마다 꽃이 되고 싶어 꿈을 꿉니다
영하의 날선 눈금 넘지 못해
제 몸은 차가운 핏줄
무채색 그림 속 파랑새일 뿐,
아쉽고 지난한 시간 밀어가면
투명한 심장 꺼내어 눈물이 됩니다
스스로 허물어져 꽃이 될 거라며
말갛게 굳어가는 꿈을 꾸면서
영하의 추위도 잊고 삽니다

# 친구

오래 묵힐수록
깊게 감출 맛 나는 된장 같거나
양푼에 썩썩 비벼도
고추장처럼 맛스러운 입맛 같은 것

늘 멀리 손짓해도 해맑은 얼굴로
마중하는 그림자 같은 존재
꽃 너울인 그들이
언제나 보고픈 얼굴이다

# 눈물

아무에게도 보일 수 없어
가슴 아래 깊게 고인
마알간 석류씨 같은 것,
슬픔이 들어와 녹고
기쁨이 찾아와 맺히게 했던
시처럼 침전된 수정 같은 진실이다
심장과 머리로 뻗은
핏줄, 그 뿌리의 시작에서
뜨겁게 솟을 때마다
한마디씩 끊어내야 할
사랑과 이별과 그리움이
달라진 그 성분의 무게로
끝없이 흐르다 멈추고
멈췄다, 다시 흐르는 그 진액이
고동치는 심장을 우려낸
뇌수였다는 것을
까맣게 잊은 우리는 울면서
보일 수 없는 부분까지
훔쳐내는 카타르시스다
그 것이 마음을 퍼내는 강물이다

# 첫차

어스름 밟고 온 갈래로부터
고단한 삶들 지하로 지하로 쓸려간다
역미디 전동차가 하마 입을 벌리면
집 나선 가장들
쓸려 갔다 몰려오는 물고기떼
전동차는 갈 길을 향해
한 무더기 풀어놓는 상어의 뱃속이다
질주하는 차안에는
자꾸만 떨어지는 머리를 기대며
단 꿈을 꾼다
지친 어제를 어깨에 기댄 채
처음으로 가는 길을 열며
사방으로 이어진 도시의 지하를
스멀스멀 찾아가고 있다

# 사유하는 것에는 날개가 있다

밤의 여울로 날아가
아스라한 별무리를 낚는다
그물코 빠져나간 어둠 속으로
별빛 닮은 초롱꽃 하나 켜고
천천히 나무를 탄다
달팽이가 어둠 이끌며
햇살 가까이 기어오르는 걸음도
쓸개즙 맡긴 허무의 시작이라는 걸
알지 못한 까닭에
새벽 종소리 밀려온 후에야
비워갈수록 가벼워진다는 것을
더 깊은 곳에서 깨닫는다
더욱 깊은 무게로 떨어지는 내 안의 말들
아침은 그 말들 날개를 펴고
사유의 몸짓 부풀리고 있다

# 책갈피에서

빛바랜
노오란 은행나무 이파리
흠모의 발길로 나와
낡은 시간을
길섶에 넌다

먼지 낀 그림자를 밟으며
서로에게 남긴 눈빛들
책갈피에 고이 눌러두고
바람 깃 앞세운 추억만
반달처럼 눈을 뜨고 있다

# 손금

미로 따라 달팽이관에 내려가면
쿵쿵거리는 심장 밑바닥이 보인다

아무도 몰래
두근두근 기쁨의 소리 들으며

미지로부터
잎맥 같은 길 열고
거울에 비친
달 가는 소리를 읽는다

# 겨울 단상斷想

겨울로 가는 길목에 나비가 난다
한껏 자란 높이로 날아가
눈부시게 춤추는 무희
어쩌면 너희는 펄럭이는 깃발이다

설원으로 가는
여린 꿈 하나 물고
나풀거리는 그 몸짓으로
눈꽃 속삭임에 앉는 너의 날개

눈부신 세상 꿈꾸는
저 밑도 깊은 빛깔은
창백한 속살 무늬

# 겨울나기

창밖 졸린 불빛 몇 줄기
길게 촉수를 빼고
어둠 깊숙이 혀를 꽂는다
오감 무르익은 그곳
스스럼없이 밀려갔다 밀려오는
욕망의 바다
해 빠진 뒷골목 주점들은
달콤한 육감 뻗치며 입맛을 다신다
때때로 그곳은
혹은 사막이었으리
뜨거운 눈길 오간 은밀한 구멍마다
바람조차 길을 잃는
갈라진 길목에 무성했던 청춘의 윤기들
휘청거리는 네온불빛 안으로
생의 밀도를 따라
미이라처럼 하얗게 표백해 간다

# 수레바퀴

시방, 날 거머쥐고 있는 굴레
한 뼘쯤 자라
벽 오르는 담쟁이 같은 느낌표

빈자리 갉아내는 귀뚜라미 울음 뒤꼍으로
심하게 밤이 흔들린다
나긋나긋 밀려오는 푸른소리 저편

왔다 가는 것은 어디 어둠뿐이랴
손짓 하나 없이 별이 지는 것처럼
우리들 흔적도 강물로 흘러가려니

해와 달도 얼굴을 달리
하루를 밝히고 넘어 가듯
두 줄 바퀴도 또 어디론가 굴러간다

## 백지를 파다

등 너머로 꽃물이 든다
거친 바람만 파고들던 목덜미로
백목련 벙그는 소리 감겨오고
뇌수에 펼쳐진 하얀 목록에서
파릇파릇 속삭임이 돋는다
개울가 맴도는 꽃바람 흐느낌도
이슬이 씻어낸 아픔이었을까
꽃대궁 밀어 올리는 새벽
하얀 평면에 내가 서있다
글빛 다듬는 여명의 틈에서
탱탱하게 부푼 여백으로
빠알간 꽃물 길어 올린다

# 종이 탈

하얀 평면에 길이 열린다
생경한 나무들
숲 깊은 소리 쭈뼛거리며
쪼개진 틈을 딛고 춤을 춘다
한 번 흔들면 다른 얼굴로 변신하는
음흉한 웃음이 팔을 흔든다
휘젓는 손끝으로 잘려나간 알몸의 언어들
하루는 또 한겹씩 겹쳐가고
파르라니 몸서리치는
열었던 길이 닫혀간다
흔들 때마다 바뀌는 변죽
이 여름
바람 한 줄기 입히고 나면
문 밖은 온종일
푸른 외출을 손짓한다

# 목탁

처음 거기엔 바람뿐이었다
오랜 빛깔로 채워진
산새 지저귀는 가장자리쯤
가끔 계곡 헤집는 풍경소리 여울에 잠기고
올빼미집 하나 떠 있는 고요가 거기 있었다
새벽 깨우는 범종소리
부질없는 울림은 개울로 흘러가서
바람의 섶에 오른다
황홀하게 꿈꾸는 둥지에서
정갈한 아미에 내려치는 죽비소리
사바에 씨알 굵은 말들을 거두어
한 켜씩 입혀진 오욕을 벗겨낸다
새벽 맞는 소리 한 모금
우리들 정수리에 짙게 적셔지길 가늠하며
똑똑 또르르르 똑똑 또르르르

# 겨울

—복길 낙조

수평선 물고
불덩이가 숨는다
도시의 폐허를 씻는
저 깊고 푸른 아우성

속설 몇 개도 토설한 혀
목 뒤로 숨기고
바람의 심장을 연다

실뱀 같은 물굽이 머리를 들고
날선 소리 챙챙거리는 이 저녁
붉게 더 붉게 울던 노을이 진다

굳게 다문 입술 사이로
아스라이 가물거리는
불빛 몇 개

오롯이 잠든 아침만
하룻밤 그어 놓았던
실금을 열어간다

# 동설冬雪

어느 집 처마엔 겨울밤이
고드름 길이만큼 자란다
창으로 흘러나온 불빛 한 줄기
칼끝 바람을 베어낸다
사랑채 건너 온 기침소리
눈발처럼 흙벽으로 져며들고
설경 꾸미는 밤새
동박새 둥지 위로 켜켜이 쌓이는 풍경과
화롯가엔 군것질로
겨울이 벌겋게 달아 오르는 것과
동치미에 고구마 한 입
서걱서걱 씹히는 소리에
무거운 눈꺼풀이 쫘악 걷어올린다
물레 잣는 소리에
겨울밤 풍경은 어렴풋이
꿈 속 아침을 열고 있다

# 꽃새벽에는

어둠 밀어가는 저 밀도
누구의 은밀한 속삭임일까
무섭게 눈 뜬
꽃봉오리는 가늘게 몸을 떤다
실바람 살랑이는 풀잎 위
눈물 맺힌 소리도
가늘게 떨려온다
누가 경이로운 저 의식을 볼까
신이 빚은 예술의 점안
가슴에서 굽이친 강과 바다 그리고
등허리에 스치는 산과 들
장엄한 그 제단 위에
잠든 세상은 눈을 뜬다

꽃새벽: 어둠을 깨우는 맑고 깨끗한 아침

# 나비 날개에는

하늘로 펼친 길이 팔랑거린다
날개 위로 숨겨진 미로
비단처럼 짜여진 환생의 길이다
하늘 오르는 일이 쉽지 않은 까닭에
누구나 눈을 닦고
눈부신 길로 고개를 들어 올린다
태고로 이어지는 비밀을 풀려고
사람들은 허공을 향해 포획을 휘두른다
촉수에 수신 되는 예지
그리고 그 날카로움
사람들이 남긴 허영의 그림자가
의문부호로 길을 막는다
오직 해탈의 경지에서 풀 수 있는
혜안의 암호
직녀에게 가는 암시가 거기에 있다
하늘 나는 비밀을
날개에 얹힌 신기한 길로
천상의 무아를 그려간다

# 촉觸

손금에는 하늘이 접혀있다
허공으로 통하는 길은
누구의 생이
흘러가는 강일 게다
손바닥 펴고 그 강물 깊이를 잰다
알수 없는 깊이
세치의 혀가 혹여
독사의 눈으로 낼름거리다가
꽃뱀의 허리로 간들어지지 않았는지
제비고깔과 자주꿩의 다리와 꿩의 비름처럼
꽃이 풍긴 향기로는 그 의미를 알 수가 없다
스스로 밝혀가는 눈 주위로
햇살과 달빛이 잎맥에 들어와 속삭였다는 것을
감은 눈으로는 알 리 없다
부르지 않아도 다녀가는 해와 달
그 빈자리에
바람이 다녀간다
손금 위로 스쳐 지나간
강둑 버들강아지 씨눈
산등성이에 걸친
뾰족한 이름들을 별에 옮겨가고 있다

## 아비의 묵시록默示錄

아버지가 된다는 것은
아버지의 아버지가 아득히 거슬러서 내려 받은
태고의 인자 가지로 뻗어 내는 옹이였을 것이다
아버지로 살아간다는 것은
아버지의 아버지가 발길 닳도록 삶을 벼리는 일이다
주름진 궤적을 만들어 가는 그 길은
아버지의 아버지가 늘 그래왔던 것처럼
아버지가 남기고 간 그늘진 말씀이
한마디 공허한 울림이었을지라도
아이의 아이들 꿈속에서
무지개로 발아하는 원시의 인자였다는 것을
가끔씩 무디어진 손톱에서나
아니면 하나씩 희어지던 머리칼을 빗어내던 손끝에서
저리도록 묻어나는 맥박이었음을 깨우쳐가는 일이다
아이의 아이들이 새물내 나는 풋풋함으로
아버지의 아버지가 흘려보낸
시냇물 같은 음성으로
푸르게 스며들었던 것처럼
아버지가 보낸 허름한 한마디도

아이의 아이들 핏줄로 흘러가서는
눈부신 햇살로 피어나리라고 눈길을 보태는 것이다
하루기 어스름 속으로 묻혀가듯이
그렇게 아버지의 아버지는
별 지는 쪽으로 하루처럼 묻혀 갔을 것이고
또 아이의 아이들도 하루가 피어나듯
곱고 탐스럽게 피어날 것이다
이 땅에 굵게 뿌리박은 커다란 나무로 자랄 것이다
덧나고 옹이진 아픔이 눈시울에 얹혀지는 이 겨울
꽁꽁 언 손 꼬옥 쥐어주던 아버지가 그립듯이
아버지 가슴에서 따뜻한 화로가 지펴지던 그날이 그립다

## 옴살

꽃 진 그루터기에 가을이 앉는다
붉게 타들었던 능선의 빛깔들
가끔 산기슭을 맴돌며
분분했던 말그내 소문을 묻고 간다
가지에 걸친 거미줄에도
소문의 꼬리는 가늘게 떨리고 있다
동경하고 그리워하는 탓에
바람은 흔적 없는 소문도 거두어간다
지금은
빛깔 없는 네 음성과
향기 없는 네 모습에서
살빛 노래만 출렁이는데

# 시간단하時間壇下

바람은 수정 같은 얼음 뒤에서
몸 불리며 영하로 떨어져 갔다
명멸하는 장막 속으로 숨을 거두고
장승처럼 서 있는 빌딩숲 뒷골목엔
비틀거리며 빠져나온 무리들이 유성처럼 떠돈다
엉겼다 풀어지는 빙하의 거리
잎 진 나무의 기도마저 서글프다
성당 종소리가 꺼진지 오래인
주술 걸린 풍경은 얼어붙은 것들 묘지
달팽이관에서 청춘이 부활한다
더듬지 않고서는 알 수 없는
허름한 불빛이 흔들린다
그 틈새 비집으며 빨려가는 쪽으로
씨알 굵은 봄빛 한 줌
푸른 불씨 다독이고 있다

# 바람의 노래

어느 솔숲 벌거벗은 가지에
수캐가 발을 디딘다
찰싹 엉겨 붙어 우우우우
욕정 날리는 시늉이 숲속을 메우고
골골이 음탕한 소리로만 가득하다
날카로운 입술은 그대로
설렘만 촉촉이 젖어드는데
너의 갈기는
앙칼진 음계 위로
제 멋의 빛깔을 덧칠한다
바다로 향하는 구름도
그 교태를 잊지 못하고
검은등뻐꾸기 꼬드김에
대숲 모퉁이에서 우우우 목청을 높인다

# 제4부

## 청자青瓷 굽는 사람들

# 바다야

바다야
네가 울부짖는 이유를
아무도 모른다

갈기갈기
가슴 뜯는 사연을
그 누구도 모른다

다만 저 수평선 끝으로 밀려오는
하얀 가슴만
그 처음을 안다

깊게 검푸른 바다 한 복판
그곳에서 솟는
태양이 눈부신 탓에

# 석고상
## ㅡ크로키를 위한 묵상

입이 굳어진 걸까
저기 저 사람은 온종일 말이 없다
언어를 버린 걸까
눈썹 하나 흔들리지 않고
처음 갖춰진 그 얼굴로 거기에 앉아있다
시간 삭이는 고요한 심장에
생각의 강이 흐른다
창백한 얼굴 깊은 침묵
침하하는 것들 흘러 보내며
그는 눈 맞추는 일이 전부다
나는 언제 저 고고한 버팀으로 살아갈까
관객 없는 저 무대에서
한 무더기 바람이
서글픈 눈빛 부비고 장막을 넘긴다
다녀간 입술이 그리울 때처럼
붙박이로 사는
저 하얀 사람

## 청자青瓷 굽는 사람들

가만히 두면 땡볕에 검게 그을리는 땅
가끔 불어오는 바람에게
궁금한 말 몇 마디로 하루가 저물고
또 밝아오는 아침이 더 없이 살가운
그 품은 살아있는 것들의 꿈이었나니
풀벌레 고향 같은 네 품에서
풀포기마다 별들은
제 이름 써두는 연습으로 손이 부르텄을 것이다
거칠고 차가운 피부를 열면
억겁이 그 안에서 낯선 얼굴 오롯이 반기고
글 짓는 가마엔
살창구멍으로 넘어가는 글감이 불꽃으로 타오른다
창불 속에 피는 푸른 이미지들이
날마다 잉태하는 입덧처럼
오묘하고 환상적인 사념의 붓을 들고
알몸의 청자를 굽는다
깊숙이 흩어진 언어들이 즈믄 열기로 구워져서
비색秘色으로 세상에 나오는 날
이미 손마디는 단단하게 구워진 명문의 흔적으로

군살 옹이진 채 은은하게 빛을 낸다
열정이 착색한 도기陶器는 참으로 반듯하려니와
뽀얀 눈빛만으로도 즐겁고
어울려 빛살 나누는 그대들에게
달은 밤마다 웃음 던지며
어깨 위로 둥글게 상상을 채워갈 것이다

# 비의 소곡召曲

어디로부터 살펴 왔는지 알 수 없다
벽을 사이로
어둠만큼 깊은 소리

내 귀는 벌써 밤 마중에 여념 없는데
오랜만에 앙금 같은 세월을 씻기느라
토드락 토드락

떨어진 거리 손바닥에 올려놓고
후두둑 후두둑 떨어지는
마알간 가슴을 열어 보았다

손금 따라 흐르는 버거운 세상살이가
심장을 돌아 뇌수로 흘러간다

이 밤 어둠 씻고 있는 저 빗물
아, 생의 멀미로 굽이치는 자화상
바다가 그리웠던 게지

밤새도록 울고 난 후
내일은 맑음

# 서울역 소묘

기차가 잠든 역사 밖
발길은 벌써
굴비 엮듯 즐비하게 빠져나갔다 또 들어간다
낮달은 버려지고 있는 생각들을 줍고
잠시 발길 머리꼭지에 묶은 남미의 뮤지션이
계곡 같은 깊은 음률로
찰나에서 영혼으로
맛깔스럽게 흘러 보낸다
촘촘히 리듬에 적셔가는 눈빛 사이로
안데스산맥 휘감던 깊은 소리
광장 층계를 굴러 빌딩 숲으로 스며가고
그의 호흡은 찰박거리며 마야문명을 입혀간다
파발이 떠나는 행간에
빛바랜 옛날이
무디게 빌딩숲 끌어안고
장승으로 서 있는 지금,
걸음 위로 상념이 넘실거린다
제각기 늘어진 키 높이만큼
무거운 그림자를 끌고 간다

# 어느 귀로

무수한 발톱들이 빠져나간 노을 비낀 바다
흙먼지 뽀얀 자갈길을 에둘러
터벅터벅 그림자는 길게 뻗어간다
예전엔 살피지 않았던 좀생이풀 한 포기도
저녁놀에 잠겨서 핏발을 세우는데
오로라에 실려 간 어느 영혼이
으스러지도록 보듬었을
디뎌왔던 발자국마다 새겨지는 생의 조각들
살아온 몫은 노을 속 그 영역에서
별의 시를 쓴다 누가 읽지 않아도
하얗게 지는
밤 지나는 소리
영험한 귀가 쓸어 담고 있다

좀생이풀: 남극에 생육하는 잔디 같은 풀

# 달빛 줍기

긴 숨쉬기였다
장수하늘소는 겨울나기로 동면에 들고
'어울려 사는 동안 살가워야지'
먼 산은 생각을 다듬는다
달빛 끌어서 침실 꾸미던 미이라들
살갑게 어둠 밀어 침실에 앉는다
칙칙한 빛깔 거머쥐고 일탈을 꿈꾸는
나뭇잎들은 벼락이나 천둥에 대하여
움츠린 가슴을 수런거리고
창에 정물로 걸린 홍시 몇 개
달무늬로 통통하게 붉어간다
휑하니 산등성이 넘는
바람의 등에 걸터 앉아
광년의 거리로 이름들 호명하면서
하얗게 가라앉은 나는
풍만한 고요 속에 잠겨간다

# 고니

네가 높이 떠서 하늘을 날 때나
강변에서 징검징검 먹잇감을 찾을 때도
눈부시게 하얀 네 모습은
범접하기 쉽지 않은 고귀한 자태였다
수만 번의 날갯짓으로
드넓은 창공을 차올랐듯이
누가 저 고니를 닮았으랴
삭정이만 허허로운 들판에서도
우아한 활강을 끝낸 웅혼한 네 모습은
찬연하게 빛나는 새들의 으뜸이었으리니
잡초 무성한 황량한 들길에서도
점잖은 제 걸음이 그러하듯이
마침내는 이 땅의 깃발로 우뚝 서라
그리하여 까마득히 높은 곳에서
이 땅의 입이 되고
이 나라의 귀가 되고
우리의 눈이 되어서
이 세상을 향해 힘차게 펄럭여라
문도들이여

# 업 짓는 이들

나무는
가만히 있어도 크고
바람만 불어도 잎을 내며
눈길만 주어도
잎맥에 색을 입힌다
그럴까
쀌소똥구리가 궁전을 짓듯이
짝을 찾는 개구리가 밤새 목을 부풀리듯이
자지 않고 노래한다는 거
그냥은 알 수 없는 노릇이다
시도 나무처럼
알 수 없는 말들을
신기료장수가 구두를 깁듯이
스님이 염주알 돌리듯이
신부님이 묵주 한마디씩 굴리듯이
하얗게 밤을 지새우고
절차탁마에 여념이 없는 짓
눈알 붉히며
헛됨을 꿰는 염불소리
주문 외는 소리
그 근원 찾는 업이다

## 파피루스 종이
— 경복궁 조선왕조 역사전을 보고

한 때 화려했던 왕조의 역사가 만장처럼 펄럭인다
케케묵은 저 표피 한 장 넘기면
호사 여며둔 남루한 미이라가
빛바랜 역사를 털고 깨어난다
박물관 유리 상자에는 지금
벌거벗은 낱말이 부들처럼 일어서서
겹겹이 옛날을 깨우고 있다
가끔 달팽이관에 달을 머금고
가느다란 몸매 흔들며 다녀간 궁중의 발소리도
별빛 마중에 아득한 밤은 무너졌을 터
유리상자는
알 수 없는 사람의 기호와 그림들로 눈부시다
가끔은 오수를 꿈꾸고
하늘 향해 날개 폈을 풀잎도
긴 고대의 잠에서 천년의 말을 읽고 간다
깨알 같은 문명이
오늘로 뻗어 내린 시간의 강을
장엄한 모습으로
고궁의 뜰에 고즈넉이 엎드려 있다

# 곤줄박이 둥지 오르는 계단에서

가늘게 떨리는 울음이 가지에 얹힌다
들릴 듯 말 듯 하루를 벼린 햇살에
곤줄박이는 낯선 불안을 털어낸다
날쌔게 다녀간 그림자들로
깃털 빠져 나온 유려한 비상
하늘은 어느새 까마득하다
곤줄박이 둥지는
벼랑 같은 하늘 위의 집이다
꿈 서린 궁전이다
가뭇없이 펼쳐진 하늘로
가르마 같은 무지개길이 열리고
솔바람 깐 계단에는
사계가 층을 이루어간다
길섶에 핀 흰물봉선 한 송이도
가늘게 웃음만 엮는 그 계단에서
헤픈 눈꼬리만
바람 폭을 몰고 청솔을 빠져나간다

# 몽당연필

깎고 또 깎고
단풍잎 같은 손에 쥔 귀여운 깍쟁이
작아질수록 더
문명으로 이어진 길을 내고
헐벗은 게가 다슬기에 몸을 끼워 넣듯이
쪼그만 몸을 끼워 넣고도
양양하게 버티는 글쓰기 달인
의욕이 넘쳐 까맣게 오그라든
검은 심지에선 회오리가 인다
헝클어진 언어를 정렬해가는
하얀 백지 위에
손이 그리는 대로
써 내려간 발아發芽

# 제5부

## 바람, 입술로 채색하다

# 청평을 가면서

오래 묵은 풍경이 기다린다
정겨운 눈빛과 살내음 풍기며
팽팽히 당긴 철길로
신나게 달리는 춘천행 무궁화호
멈춰서는 역마다
낭만들 발길 삼삼오오 무리지어
기차 옆구리로 꿈꾸듯 올랐다 내려간다
줄지어 스치는 풍경속에서
자꾸만 보내 버린 추억들이
낡은 모습으로
하나 둘 발길 모아 달려간다
젊음이 꿈 나누어 갔던 곳
고스란히 30년을 기다리고 있는
청평역 대합실 달력은
아직도 산뜻한 얼굴로
한 낮을 졸면서
왔다간 이름 잊지 않으려고
날마다 주문을 외고 있다

# 안개꽃

어리광만 부리던 내 딸이
대문 밖 휘어진 골목으로
하얀 손을 흔들며 돌아선 그 날
훈훈한 바람결에
살내음 물씬한 그리움을 부쳐왔다
눈 감으면 집안 가득히 스며있는
짤랑거리는 딸의 목소리
아내는 베개 적시는
꽃잎 같은 눈물 묶어서
심장 밑바닥에 심는다
밤새 함박눈 소복하게 내리던 꿈속
애미가 된 내 딸은
꽃망울 부푼 꽃송이로
화사하게 내품에 안겨온다

# 바람의 바다

사그락거리며 하얗게 쌓이는
사념의 동구 밖
밤새 앓던 어머니 산후풍을 들춥니다
여기저기 바람이 들고
뼈마디 끊어낸다는 인고의 시간
어제처럼 흘러간 순리의 바다에서
내가 처음 세상 밟은 뿌리를 거슬러
목젖 넘기던 비릿한 젖내음에 앉습니다
그곳은 언제나 포근한 품
다시 들어도
핏줄에 녹아 있는 어머니 음성으로 인하여
늘 그리워지는 본능이 물결치는지 모릅니다
심장 가까이 들어보면 생생히 살아나는
양수의 바다가 보입니다
아궁이 지피던 생솔가지 연기로
한 순갈의 눈물이
활활 타오르는 청춘이었다는 것을
처음으로 알게 된 사실도 따지고 보면
푸성귀 무침 같은 삶과

무 뽑아 갈무리해둔 토굴처럼
가슴에 묻어둔 씨앗들에게
마디 하나씩 내어주는 연습 때문입니다
꽃눈 흩날리던 뜰은
참새 몇 마리 처마로 기어들고 나는
쌓인 눈 두께만큼
장승이 흘린 눈물 한 줌 움켜쥡니다

# 바람 위의 집

까치가 둥지를 튼다
세찬 바람 견디고 혹독한 겨울 이겨낼
튼실한 집을 짓는다
삭아 내린 시간 엇물려 엮고
아침을 꿈 꿀 수 있는 풍요를 덧붙여
시나브로 가지에 얹어 요람을 꾸며간다
바람은 구멍을 들락이며 무지개로 기둥을 세우고
흘러 다니는 흰구름 몇 조각 처마에 매단다
달빛으로 벽을 바른 집
허공으로 뻗은 나뭇가지에
덩그렇게 떠 있는 궁전이 들어선다
올려다보면 까마득한 곳
보석 같은 새끼들에게 어미는
별의 솜털을 입히고 맘껏 별을 따다 꾸민
아늑한 보금자리에 품을 거두고 있다
그들 꿈은 높다란 허공에 떠 있다
비바람 지나간 복조리 같은 틈으로
촘촘하게 파란 하늘이 채워지면

날개로 꿈을 엮고
부리로 사랑 다듬는 무지개 궁전
그림 같은 집이 거기에 있다

# 신풍시장

저것 보아
말끔하게 압착해버린 지금
저 아스팔트 밑으로
두런두런거리는 소리랑
가격을 두고 에누리 입담 뽑던 그 풍경까지
납작한 미이라가 됐다
사람들 북적이던 장터
그 거래가 아틀란티스 해저로 묻혀 간 그날
푸른 이야기조차 사람들은 지워가고 있었다
어둠이 도시의 배경으로 누운 좁다란 길을 사이에 두고
성락교회 네거리에서 사러가 네거리까지
빽빽이 늘어 선 가게와
삶의 흥정이 오간 그 숨터
왁자지껄했던 상인들 복대 속 지전뭉치처럼
아스팔트 밑은 옛날의 장터가 그대로 구겨져 있다
비가 오면 잔치마당에 드리운 체알이 흥을 돋우고
찢어진 비닐 엮이고 덮이던 골목
장보기 나선 아낙들과
기웃거리는 발걸음조차 헤픈
날품 인생이 거기에 있었다

좌판이 늘어선 난장에는 없는 것 없이
눈물과 웃음이 범벅된 채로 떠들썩했던
시장 사람들 애환
불도저와 진동롤러가
검은 아스콘 밑으로 다져버린 피곤한 얼굴들이
음각으로 변한 거리를 응시하고
그 위를 무심한 자동차가 달린다
곧게 뻗은 아스팔트길로 옛날은 검게 굳어버렸다
'떨이떨이 어디가도 이 값에는 못 사'
목구멍이 포도청 같은 어느 상인 외침이
저 밑에서 쿵쿵쿵 울려온다
번듯하게 깔아놓은 저 검은 장막 아래
지금은 묵시의 장터가 시끌벅적하다

# 연리지

달은 차는데
꽃은 열리지 않던 그 밤
아, 여인의 달 씻는 소리
그윽하게 농염하다
무르익은 샤머니즘의 팔로
어느 청춘을 베어 낸 경계에서
처절한 몸부림이 겹쳐지는
연민의 강을 저어간다
서로에게 굳어져야 할 시간
깊은 포옹 끝에 꿈은
처절하게 거기에 맺어 있었다

# 바람, 입술로 채색하다

억겁의 색깔 가슴에 입힌다
손 끝 후후 불면
손톱 밑으로 싹 틔우는 삼라의 바라밀
가난했던 얼굴 들고 봉긋하게 솟아오른다
티 없는 얼굴이
해맑게 흔들리는 여백으로
비늘처럼 눈부시게 날아가
솔바람 입히는 붓질을 한다
가로에 서 있는 은행나무 가지에
눈부신 빛깔은 몇 번이고 피었다 지고
땅 밑 아득한 곳에서 봄물 나르는 일로
해마다 제 몸빛 채워간다
어디서 도사리고 있던 홀씨
그 눈빛 닮은 이름으로
봄 길 둔치에 눈시울만 붉힌다

# 텃밭에서

창틀에 얹어 놓은 벌개미취 화분에
가없는 하늘이 내려 앉는다
파랗게 더 파랗게 물감을 풀어
먹음직한 빛깔로 굵어가는 그 밭
오이랑 애호박 줄기마다
밤엔 달빛도 둥글게 다녀가고
여름은 또 통통하게 익어가야지
그믐 같은 마당에서 날마다
외줄 오르는 나팔꽃 한 줄기
사는 동안 우리는
언제 저 품성을 닮아갈까

# 비익조比翼鳥

아득한 날에
그대 이름에는 푸른 날개가 있었지
날지 않아도 우아한 깃털
밤이 건너는 그 깊은 사유에서
영글고 있는 그리움이 고개를 든다
해와 달이 너스레를 떨며 빛걸음으로 다녀가고
날마다 우리들은
하나로 날아 갈 꿈을 꾼다
눈 감으면 영롱하게 살아나는
그 의식은 거룩한 왕조의 제의였나니
어긋난 형상들로 나누어진 반쪽
별과 바람도 경건한 이름으로 풍경에 선다
누리에 뻗어가는
복종 의식을 치룬다
성을 쌓는 남자와 여자로

# 줄다리기

결국 이렇게 넘는 거야
쓸데없이 하늘만 돌다가 그만
종종걸음 달래며 거기로 가는 거야
너는 그 버팀 돌쩌귀로
또 다른 너는 당김틀에서
팽팽하게 등을 돌리는 거야
살얼음 같은 이승,
한껏 살아내고 가는 거야
바람처럼 여미고 갈
벽 너머로

# 가을걷이

황금 들이 웃는다
메뚜기떼 극성이던 들판엔
논둑 달리던 바람도 신나고
둠벙에 놀던 새우도 등을 편다
나분들 건너로 넘실거리는
금물결이 춤을 춘다
청춘같은 보리밭과
알곡 털던 도리깨소리도
목청껏 휘이휘이 상모 위로 돌아간다
농부들 웃음소리 알알이 굵어지는 거기
낡은 허수아비가 서 있다
참새들 지저귐이 하늘 끌어안고
가을로 무너지는
빈들을 채워가면서

# 망각

내 이마엔 붓으로 그린 길이 있다
바람이 불면 지워졌다 다시
깜박이며 켜지는 길이 있다
새들과 나비가 감춰둔
짐승들과 메아리가 다니던 길
그 길 위에 별이 다녀간다
달이 다녀간다
하루도 거르는 일 없이
해도 다녀간다
보이기 싫어하는 어둠도
그늘진 발길에 주섬주섬 가득하다
한 번 그으면 지워지지 않는
붓놀림이 가물거린다
지워진 길 그리려고
부지런한 뇌수는
달 같은 눈을 뜬다

# 달의 이면裏面

도시의 달은
골목 살피는 가로등 뒤꼍에 서거나
빌딩 꼭대기에
배경으로 떠있기에 익숙해 있다
살집 갉는 어둠 속에서
달은 슬프다
도시에 뿌리 내린 마천루 같은 욕망들
긴 목이 거느린 그림자를 가늠하지 않기 때문이다
그믐쯤이면
콜록거리는 거리가 농무에 잠겨간다
도시의 그늘은 폐기종을 앓고
각혈처럼 토해는 폐기물들
비닐에 구겨져 하루의 흔적이 코를 막는다
도시는 신음만 무성하고
고대의 땅을 기다리는 빈자리에
볕들지 않은 도시는 달의 이면

# 신길역에서

여명은 멀었는데
남으로 가는 기차가 눈을 뜬다
혹은 날렵한 초고속열차는
천리를 다녀오고도
종착역을 향한 숨소리가 싱싱하다
때로는 촌각 사이로
종점 향해 달리는 기차가
철그렁철그렁 바람 가르는 소리 귀에 씽긋하다
직선의 무료함을 달래는
비켜가는 소리마다 눈빛은 흐려지고
기다리는 사람과 헤어지는 사람 발길 갈리는
신길역은 설렘 없고 어정을 나서는 손사래다
역사 계단을 내려서면 가끔
구름 같은 이들
낯선 이름 껴안아 보내는 이정표가 거기 서 있다
얼래빗 같은 옷깃 스치며
등장했다 사라지는 영화 필름 한 컷,
비오는 차창에 고개를 묻는다
여기는 1호선과 5호선 갈아타는 환승 터

밤이 깊으면 붉게 충혈된 전등들이
기차 끊어진 역사에서
쓸쓸해진 가슴아래 말들을
길게 뻗은 선로에 가뭇없이 널고 있다

# 낙타

사막도 없는 이 땅에
낙타가 떼 지어 몰려왔다
금방이라도
모래바람 몰아칠 무서운 기세로
무거운 발굽이 벽속에서 눈을 뜨고
울고 웃던 캐러반들이 재채기를 한다
모두가 입을 막고
쉬쉬 자리를 피한다
사막을 건너 온 낙타의 그림자가
오아시스 같은 병실에
가슴 뜯는 주문을 왼다
한 번 올라서면 생사가 갈리는
낯 선 중동의 악귀들이 춤을 추고
착한 이들 눈물 훔치는 메르스
거리는 콜록거리는 사막을 닮아간다
메마른 중동의 모래바람이 활개를 친다
공포로 뒤덮인 거리에
서늘한 바람만 기웃거리는데
집집마다 문을 닫고 주문 외는 사람들로 넘쳐난다

장마가 들면 사막이 사라진다고 믿는
사람들 기도가 하늘에 닿을 거라고
TV는 식단처럼 말을 굽는다
한 입씩 받아먹는 뉴스가 불안해
두려움에 질린 사람들
낙타는 사막으로 돌아가라고
퇴마부적을 붙이고 있다

# 겨끔내기

푸드득 장끼 한 마리 하늘을 챈다
까투리도 푸드득 바람을 가르고
가고 오는 계절도 그러하거니와
오가는 목례도 반가워야한다고 꿩들이 나는 게다
홀로 가늘게 흔들리는
여우꼬리풀 얼굴 붉어질 때
자웅들은 후손 위한 의식을 꿈꾼다
홀로 선 풀포기에
타오르는 불꽃
붉거나 노랗거나 어울린 꽃의 설렘도
사는 일에 포개어
날마다 다른 모습으로 한 번씩 다녀간다
노을처럼 아름다운 세상
누가 등 돌릴 수 있으랴

# 제6부

## 감응感應의 물

# 오월

바람 한 올 베어 꽃잎을 짠다
손톱 밑을 빠져나간 붉은 빛깔들로
푸른 계절을 엮어간다
향기 그윽한 꽃그늘 디디고
꿈길 수놓은 산꽃
손바닥에 오롯이 꽃바람 담아본다
여기저기로
초록빛 넘실거리는 보리밭도 꾸미고
골목 모퉁이엔 금낭화도 심는다
한 땀씩 직조하는
하루는 눈썹 뒤로 또 저무는데
장수하늘소 더듬이가 샤롱샤롱 흔들리며
오월 뒤꼍에 꽃물을 짠다

# 밀랍인형

차가운 너의 눈빛이
꽃이 아니라는 걸 나비는 알까
착각과 인지 사이
너를 스치는 눈길들은 아득하다
비록 누추한 행적을 꿰뚫는 나비가 아니라도
뭇 시선은 기억의 강을 거슬러 온다
격조 높은 궁궐을 꿈꾼 모태가 그랬듯이
그 투명한 성벽을 사이로
촉촉한 체온을 이식한다
너의 미소가 변하지 않는 이유로
승계의 법칙은 너의 지위와 운명이 갈리고
어깨 위로 내려앉는 시간의 무게에
별들은 눈을 닫는다
낡아진 풍상의 두께로 삭아가는
밀랍인형의 미소 한 아름
아무도 몰래
텅 빈 호주머니에 쑤셔 넣는다

# 풍등

붉게 떨어지는 낙조
낮게 깔린 어스름을 넘으면
중천에 뜬 달을 보게 된다
심지에 불을 댕기고
시나브로 바람의 등을 탄다
저것은 허허로운 넋두리
비문 같은 염주를 돌린다
잠들 곳 찾아 살래살래 떠가는
까맣게 멀어져간 속풀이가
산과 들 바다를 건너
어느 별에 돌탑으로 설까
풀벌레 울음 깊어지는 어둠속으로
달그림자 홀로
사그라진 불빛만 밀고 간다

# 감응感應의 물

넘쳐도 흘러가 균형을 잡고
기울어도 본디로 돌아가 수평 이루는
못 말리는 고집
그것은 나란히 누우려는 몸짓이다
어깨를 맞잡고
낮은 곳만 찾아 채우려는 순응이다
아마 물속 어딘가에
둥글게 말아 놓은
저울이 있는가 보다
속살로 보이는 투명한 살빛
달아볼 수 없는 무게다
느낌만으로 잴 수 있는
물의 순수다
나도 어디로 흘러가
물처럼 나란히 포개고 싶나

# 너를 잊지 않으려고

서산에 붉게 해가 걸릴 때나
달이 밤을 밀치고 낮달로 떠 있을 때
두고 온 너를 잊지 않으려고
노을이 어둠에 묻힐 때까지 네 얼굴을 그렸었다
검은 장막 그 귀퉁이에서
천개의 물감으로 조금씩 네 얼굴이 그려질 때마다
어설픈 바람은 심장을 '똑똑' 노크하고 간다
꽃이 질 때 그랬던 것처럼
계절이 등을 밀어내는 날도
너를 찾는 길에는
낯선 바람소리가 심장의 문을 '똑똑' 노크하고 간다
내가 잊어서는 안 될 너이기에
손에 쥔 너의 이름이
미리 손끝부터 아리다가
손마디를 빠져나가면
몇 날은 아쉬움에 떨며 얼마나 고독했는지
그 마디에 서본 사람은 안다
심장 바닥에 새긴 이름에게 내가 돌아가리라고
하루가 가고 또 하루가 돌아오는 그 언덕배기에서

길게 그림자를 누이고 별을 밝히고 있다
지금은
헤어질 때 손에 쥔 네 얼굴을 꺼내들고
아직 다 그리지 못한 그림 속 이야기를 채색해간다
얇게 덧칠한 빛깔을 덜커덩 덜커덩 바람이 흔들어도
싸늘한 눈길만 바람의 등을 밀뿐
너와 헤어져 있는 동안
아무에게 말하지 않았던 그 자리에서

# 위선僞善

누구라도 눈을 감으면
허욕의 강이 넘실거린다
알 수 없는 깊이로 흘러가는
무당은 점괘를 친다
잡히지 않는 허상을 찾아
그대는 누구이고 나는 무엇인가
서로에게 나눈 밀담이
강물에 흘러가도
허수아비가 쫓은 새들 족보 되뇌이며
가려진 장막 한 꺼풀 벗겨낸다
비록 그 빛이
고추에 물들지 않을지라도

# 산채나물에는

새벽 공양이 상머리에 올려진다
아낙이 야무지게 뜯어 낸
쌉쌀한 푸성귀에 침이 고인다
산새 지저귐과
계곡 뒤지던 산바람도
입속에 들어앉는다
이끼 낀 숲속 살강한 자리
곰살 맞은 바람소리도
잘근잘근 입안에 씹혀지고
곰취 도슬취 비비취를 깔고
고사리 곤드레 땅두릅 얹어
싱싱하게 일어선 산빛이 목을 넘어간다
산바람 썩썩 비벼가며
우르릉 우르릉 사계가 혀끝에 씹혀서
비움, 그 바루鉢盂에
산사山寺를 닮아 정좌한 맛 공양이
사바를 넘어
심산유곡에 긴 혀를 뻗는다

# 환청幻聽

ㅡ 러시아 기행

내 울음은 너무 가벼운 몸짓에 불과했다
그토록 온 생 부빈 매미의 목청이
왜 그리 높았는지
이제 그 시공을 알 것 같기 때문이다
러시아, 거긴 거대한 창작촌
밟히는 것조차 아름다운 중세가
하늘과 닿아 있는 곳이었다
네버강과 발트해협으로 빠져 나간
그곳의 웅지들이 흑빛으로 찰랑거리고
이국인을 실어내는 유람선들이 그림처럼 흘러간다
가히 그 면모의 깊이가 무량하다
볼세비키 혁명이 쓸고 간 회색의 거리엔
상극의 비명이 바닥에 납작 엎드린 채로
데카브리스트광장 비둘기 잔해가 꾸룩거린다
등덜미 뒤쪽
황금의 돔들은 종소리에 맞춰 귀를 열고
핏빛으로 얼룩 진 그날의 진실을 토설한다
'뎅그렁 뎅그렁 진실을 말하라'
아, 예술의 극치를 이룬 이 땅

그 어디에도 비명은 들리지 않는다
다만 유적들 갈피에서
잠들어 있는 숨 막히는 무게가 눈을 뜬다
황제의 말발굽에 밟혀 간 넋들이
간혹 오열의 빗방울을 쏟는다
아니 이데올로기로 붉게 낭자한
이 땅의 허수아비들에게
낮게 드리운 구름들이 허리를 굽힌다
깊이를 알 수 없는 호수 위
침묵하는 법을 깔아 놓은 백조의 몸짓에서
묻혀 진 그 비문을 읽는다
다문 입술로 조아리는 아득한 소리로

# 나유타의 빛

월성으로 가는 길은 태곳적부터
주상절리에서 빚은 빛의 장터였으리
전설을 이고 별이 꿈꾼다는 성터 그곳은
달을 닮아 착한 이들만 사는 서라벌 동쪽의 빛 갈무리 터
즈믄빛 가꾸는 웅대한 돔을 품고
해가 아침을 솟아내는 거기엔
문명 창조 원자로가 검붉은 힘을 내고 있다
세상을 밝히는 수천도의 원자로가
웅지를 틀고 있는 것이다
어쩌면 심층에서 일어나는 오묘한 현상이
얼레에 얹은 원시의 빛으로
문명의 빛으로
풍요를 빚어서
보라매의 눈빛으로 거침없이 날려 보내는 것이다
한 때는 사랑이 모래톱 누비던 해변이었을
해조음 귓가에 아직 생생한데
한가로운 구름 넘나드는 오늘,
월성원자력발전소 송전탑 위로
여름바다 청춘들은 밀려왔다 또 밀려간다

나유타의 빛이 부富를 거둬들이고 있는 동안
기쁨만 유영하는 계절로
외돌개 같은 바람이
먼 대양으로 뜨거운 손을 뻗어간다

## 연리목連理木
— 불국사 경내에서

오호라, 밤새 여우바람 흐느끼더니
짙게 안기는 꿈을 꾼 거였네
아니 사모의 울부짖음이
천둥처럼 안긴 자비의 바다로 간 거였네
저 발끝에서 쇠 힘줄 밀어 넣고
억겁은 살리라 다짐한 기도였네
푸른 숨 갈무리한 꽃잠의 밤은
성스러운 벽안이었네
산문山門에는 날마다 나무로 엉기는 별이 다녀가고
앞뜰엔 달빛도 웃음 한 줌 뿌려 거둔
육탈의 불자佛子로 부둥켜안은 보시였네
절 마당은 바람도 합장하고 꼬리 감추는 성지
석가탑 이마엔
바람이 달려와 뱃구레 불린 신라 학 깃든 둥지였네
소소리바람 한 아름 안겨가는 가시버시 사바였네
토함산자락 귀를 열고 목탁소리 이른 새벽
천년 염불 정수리에 얹고
아사달 아사녀 하나로 부둥켜안은
흔들리는 교태의 강이 거기 있었네
장승처럼 바람 여미고 있었네

작품해설

# 물의 확장 이미지와 풍경의 힘

| 작품해설 |

# 물의 확장 이미지와 풍경의 힘
## — 배문석의 시집《바람 위의 집》론

허 형 만
(시인 · 목포대 명예교수 )

배문석 시인의 서정은 남도적 전통에 닿아 있으면서도 현실적인 감각의 끈을 놓지 않는 남다른 빛깔과 신선한 감각이 있다. 여기 서정시집 《바람위의 집》에는 먼저 물의 이미지와 물을 통한 눈물, 바다, 나아가 모성이라는 존재로까지 확장되는 시적 상상력을 보여주고 있다. 왜 그럴까. 우선 교회에서 물은 생명의 번식과 유지를 상징하고, 특히 정화를 의미한다. 죄에 물들어 부패한 영혼을 물로 씻어 정화하는 의식인 세례 성사가 바로 그것이다. 한편, 물은 《노자老子》의 제8장에 거론되고 있는 '상선약수上善若水' 로서 최고의 선은 물과 같으니 도무수유道無水有, 즉 도는 보이지 않고 보이는 것은 물이라 물은 곧 도道이고 자연自然이다. 또한 인류학적 논거로 보면 물은 모든 생명의 근본이다. 특히 에드가 앨런 포우의 《진기한 이야기들》에서 말하고 있는 "어두움에 잠긴 바다, 두려우리만큼 비탄에 빠진 하나의 전경全景"에서 보여주듯 물은 결코 혼자 있지 않는다는 상상력과 물의 영역이 모성애의 상징이라는 점을 배문석 시인은 익히 잘 알고 있으면서 작품화하는 데 성공하고 있다.

> 처음부터 어미의 품은 바다였다/태고가 넘실거리는 모반에서/젖줄로 이어지는 달콤한 강을 흠모한 탓에/새록새록 샘솟는 모성애는 바다의 밀도가 된다/해가 차오르면 분만의 성스러운 의식이 거행되고/뼈마디 부서지며 밀어낸 어미의 분신에게/모천으로 향하는 연어의 비밀을 읽혀 보내나니/더 너른 곳을 향한 산도産道를 너희가 아는 까닭에/바다가 멀리 쓸려갔다 다시 밀려오는 것처럼/어미는 달빛 같은 그 물결로/품으로 회귀하는 너희를 손꼽으며 기다린다/(…)/너희가 자라 어미의 바다를 떠나간 이후/삭은 시간의 무게로 하얗게 부서지는 머릿결이/오늘, 이렇게 눈부신 은혜로 축복하나니/가볍게 흔들리는 바람결만 스쳐도 손 모으는 어미에게는/파도만 가없이 철썩이는 눈물의 바다, 한숨의 바다였다/본디 변함없이 순한 결 고운 바다였다
>
> —〈어미의 수상록隨想錄〉 부분

연어의 한 생이 이토록 절실하게 시적으로 표현된 작품은 처음이지 않나 싶다. 베르나르 베르베르의 《상상력 사전》에 의하면 연어들은 나면서부터 자기들이 멀리 물길 여행을 떠났다가 돌아와야 한다는 것을 알고 있다. 그들은 자기들이 태어난 하천을 떠나 바다로 내려간다. 바다에 다다르면, 따뜻한 민물에 살던 그들은 차가운 짠물을 견디기 위하여 호흡 방식을 바꾼다. 그리고 영양가 높은 먹이를 많이 먹으면서 살을 찌우고 힘을 비축한다. 그러다가, 연어들은 마치 어떤 신비로운 부름에 응하기라도 하듯 돌아가기로 결정한다. 그들은 바다를 두루 돌아다니고 나서도 모천母川으로 통하는 강의 어귀를 다시 찾아낸다. "처음부터 어미의 품은 바다였다"고 말하는 배문석 시인의 상상력은 스윈번이 "나 돌아가리/위대하고 상냥스러운 어머니/인간의 어머니이며 애인인 바다로"라고 노래했듯 바다가 곧 모성애를 상징한다고 본다. 그래서 "바다의 밀도"는 "새록새록 샘솟는 모성애"에 의해 "모천으로 향하는 연어의 비밀을 읽혀 보내"는 것임을 간파한다. 이는 곧 "바다가 멀리 쓸려갔다 밀려오는 것처럼/어미는 달빛 같은 그 물결로/품으로 회귀하는" 연어에게 물은 곧 시간을 나타낸다는 사실에 주목한 결과다. "달빛 같은" 바다라는 물결의 역할이 "쓸려갔다 밀려오는", 즉 썰물과 밀물의 반복을 통한 시간의 순환이 모성애를 통한 생명을 낳는다고 믿는 것이다. 그렇지 않는가. "누구나 어렵고 기막힐 때 부르는/그 얼굴이 모천으로 오르는 길을 떠올리는 것처럼"(〈여자의 바다〉), "사그락거리며 하얗게 쌓이는/사념의 동구 밖,/밤새 앓던 어머니 산후풍을 들추"(〈바람의 바다〉)듯 말이다.

넘쳐도 흘러가 균형을 잡고
기울어도 본디로 돌아가 수평 이루는
못 말리는 고집
그것은 나란히 누우려는 몸짓이다
어깨를 맞잡고
낮은 곳만 찾아 채우려는 순응이다
아마 물속 어딘가에
둥글게 말아놓은
저울이 있는가 보다
속살로 보이는 투명한 살빛
달아볼 수 없는 무게다
느낌만으로 잴 수 있는
물의 순수다
나도 어디로 흘러가
물처럼 나란히 포개고 싶다

— 〈감응感應의 물〉 전문

기기攲器라는 금속으로 만든 그릇이 있다. 이 그릇은 물을 부어 가득 차면 엎어지게 되어 있다. 《공자가어孔子家語》에 등장하는 이 그릇은 유좌지기宥坐之器처럼 앉은 자리의 곁에 두고 항상 마음을 다스리라는, 곧 중용을 뜻한다. 배문석 시인에 의하면 중용은 곧 감응感應이다. "감응"이란 말은 국어사전에 의하면 사물에 접촉하여 그에 따른 반응이 생긴다는 뜻인데, 이 시에서 "넘쳐도 흘러가 균형을 잡고/기울어도 본디로 돌아가 수평을 이루는/못 말리는 고집/그것은 나란히 누우려는 몸짓"이 그렇다. 노자가 물을 최고의 선이라고 한 이유 세 가지 중 하나가 유수부쟁선流水不爭先, 즉 흐르는 물은 선두를 다투지 않기 때문이라는 것으로, "나란히 누우려"고 "수평을 이루"는 물의 속내를 부쟁의 정신 다시 말해 노자의 위무위爲無爲의 정신으로 꿰뚫어본 시인의 시적 성찰은 "감응"의 또 다른 의미인 신심信心이 부처나 신령에 통하는 것과도 연관된다. 이 "감응"은 바로 "어깨를 맞잡고/낮은 곳만 찾아 채우려는 순응"에 다름 아니다. 그래서 노자가 말한 상선上善인 물이 정신을 지속시킬 수 있는 힘은 오로지 그 "순수"에 있다. "무게"로는 "달아볼 수 없는" 물은 "느낌만으로 잴 수 있"기에 "순수" 그 자체이다. 이처럼 물이 "순수" 그 자체이기에 시인 또한 "어디로 흘러가/물처럼 나란히 포개고 싶다"는 "감응"의 염원을 한사코 감추지 않는다. 배문석 시인이 염원하는 이 "감응"의 심연을 가만히 들여다보고 있노라면 폴 글로델이 〈처지와 제안〉에서 "마음이 바라는 모든 것은 항상 물의 형상으로 환원될 수 있다"는 말이 떠오른다. 왜냐고? "아무에게도 보일 수 없어/가슴 아래 깊게 고인/마알간 석류 씨 같은"(〈눈물〉) "눈물의 뼈"(〈초우草雨〉)가 곧 물이기에.

사그락거리며 하얗게 쌓이는
사념의 동구 밖
밤새 앓던 어머니 산후풍을 들춥니다
여기저기 바람이 들고
뼈마디를 끊어낸다는 인고의 시간
어제처럼 흘러간 순리의 바다에서
내가 처음 세상 밟은 뿌리를 거슬러
목젖 넘기던 비릿한 젖내음에 앉습니다
그 곳은 언제나 포근한 품
다시 들어도
핏줄에 녹아 있는 어머니 음성으로 인하여
늘 그리워지는 본능이 물결치는지 모릅니다
심장 가까이 들어보면 생생히 살아나는
양수의 바다가 보입니다
아궁이 지피던 생솔가지 연기로
흘리던 한 순갈의 눈물이
활활 타오르는 청춘이었다는 것을
처음 알게 된 사실도 따지고 보면
푸성귀 무침 같은 삶과
무 뽑아 갈무리해둔 토굴처럼
가슴에 묻어둔 씨앗들에게
마디를 하나씩 내어주는 연습때문입니다
꽃눈 흩날리던 뜰은

참새 몇 마리 처마로 기어들고 나는
쌓인 눈 두께만큼
따뜻한 바람의 바다로 가서
장승이 흘린 눈물 한 줌 움켜쥡니다

– 〈바람의 바다〉 전문

모천母川을 그리워하는 건 연어만이 아니다. 물처럼 나란히 포개고 싶은 감응感應의식은 배문석 시인에게 있어 “핏줄에 녹아있는 어머니의 음성으로 인하여/늘 그리워지는 본능이 물결치”기 때문이며 “심장 가까이 들어보면 생생히 살아나는 / 양수의 바다”를 그리워하기 때문이다. 향수에 젖어 고향을 그리워하고 고향에서의 추억을 떠올리는 시인에게 고향은 “언제나 포근한 품”이며 “쌓인 눈 두께만큼/따뜻한 바람의 바다”일 터. 그래서일까. 배문석 시인은 “벗겨도 벗겨내도 하얀 살 뿐인 품속으로/그림처럼 번져가는”(〈양파–황토골 무안–〉) 고향의 “느람모퉁이 나분들 효자각//양땅 뒷뚱 앞대미 뒷대미//보막꿀 피리동 암모실 우물”(〈고향〉)을 호명한다. 이 호명에서 드러나듯 배문석 시인의 고향에서만 통용되는 지역어 또한 배문석 시인이 아니면 오늘에 되살리기 힘들 것이다. 대표적인 예는 다음과 같다.

*말그내–맑은 내. 느람모퉁이–굽어진 길. 나분들–넓은 들. 양땅–양학당. 뒷뚱–뒷동산. 앞대미 뒷대미–앞마

을 뒷마을. 보막꿀-보가 있는 골. 우꿀-윗골. 피리동-피라미가 많이 사는 개울. 삼바실-삼밭+마실. 생애집-상여를 보관하는 작은 창고. 생애바우-상여 같이 생긴 바위.(이상 시 〈고향〉)

*말그내-맑은 내. 피리동-피라미가 많이 살던 냇가. 탁쟁이-고목 아래 잠시 쉴 수 있는 터. 양땅-야학을 가르치던 양학당. 암모실-앞마을. 나분들-넓은 들.(이상 시 〈말그내 한가위〉)

*알뫼산, 시루봉-말그내 마을에 있는 산과 봉우리. 나분들-넓은 들(이상 시 〈종鐘의 귀〉)

*말그내-맑은 내. 나분들-넓은 들. 구덕-대나무로 만든 바구니. 질감나무-길가에 있는 감나무. 고샅길-시골 마을의 좁은 골목길. 토방-마당과 마루 사이의 공간. 채알-차일. 우꿀-윗 고을.(이상 시 〈나분들 그 너머로 눈을 뜨면〉)

특히 배문석 시인이 “처음으로 세상을 밟은 뿌리로 거슬러/목젖을 넘기던 비릿한 젖내음”의 고향에 관한 시를 쓸 때는 “더러는 키 크고 오래 묵은 팽나무, 계서나무들이/더 멀리 나가는 이들에게 손 흔들 듯 가지를 흔들어 보내”(〈고향〉)듯 그 흥이 남도 가락을 타면서 어깨를 들썩이게 하고, “말그내 팽나무는 이명耳鳴을 앓는다/해가 질 때는/알뫼산 넘는 눈부신 소리로/달이 뜰 때는/시루봉에 웃는 살강한 달의 소리로 심한 멀미가"(〈종鐘의 귀〉) 나듯 그 사설은 판소리 가락을 닮아 목젖이 젖게 한다. 어디 그뿐이랴. "소쩍새 몇 밤 울고 난 후/동백꽃 붉게 목을 떨구던 그 해 겨울/이남이네 누나는 시집갔다/가마를 보내고–/지그시 시루봉 눈길 내려놓은 효자각 발치쯤/창포바다에 떨어지는 땅거미도 붉게 울었다"(〈나분들 그너머로 눈을 뜨면〉)는, 다분히 설화적 요소를 가미한 고향 이야기의 감칠맛 나는 구수함은 역시 배문석 시인이 아니고는 그 누구도 흉내 낼 수 없으리라. 이처럼 천상 남도인인 배문석 시인의 시세계를 논하면서 빼놓을 수 없는 부분은 그의 남도적 서정성이다. 이 시집 표제이기도 한 다음 작품을 보자.

까치가 둥지를 튼다
세찬 바람 견디고 혹독한 겨울 이겨낼
튼실한 집을 짓는다
삭아 내린 시간 엇물려 엮고
아침을 꿈 꿀 수 있는 풍요를 덧붙여
시나브로 가지에 얹어 요람을 꾸며간다
바람은 구멍을 들락이며 무지개로 기둥을 세우고
흘러 다니는 흰구름 몇 조각 처마에 매단다
달빛으로 벽을 바른 집
허공으로 뻗은 나뭇가지에
덩그렇게 떠있는 궁전이 들어선다
올려다보면 까마득한 곳

보석 같은 새끼들에게 어미는
별의 솜털을 입히고 맘껏 별을 따다 꾸민
아늑한 보금자리에 품을 거두고 있다
그들 꿈은 높다란 허공에 떠 있다
비바람 지나간 복조리 같은 틈으로
촘촘하게 파란 하늘이 채워지면
날개로 꿈을 엮고
부리로 사랑 다듬는 무지개 궁전
그림 같은 집이 거기에 있다

– 〈바람 위의 집〉 전문

남도인에게 나무 위 까치집은 친근한 풍경이다. 친근한 풍경임에도 남도인 배문석 시인이 이 시에서 보여주는 "까치가 둥지를 튼" 과정에 대한 직관력은 "바람"이라는 두려운 존재까지도 보금자리를 위한 생명의 힘으로 읽혀 새롭다. "세찬 바람 견디고 혹독한 겨울 이겨낼/튼실한 집을 짓는다/삭아내린 시간 엇물려 엮고/아침 꿈꿀 수 있는 풍요를 덧붙여/시나브로 가지에 얹어 요람을 꾸며"가는 과정은 까치에게 있어 포근한 보금자리를 위한 참을성 있는 섬세하면서도 극소화된 작업이다. "덩그렇게 떠 있는 궁전"이지만 "아늑한 보금자리"를 만들기 위한 까치의 작업은 "무지개로 기둥을 세우고", "흰구름 몇 조각 처마에 매"달고, "달빛으로 벽을 바"르는 시인의 상상력을 통해 까치의 꿈과 시인의 내적 삶을 동시에 실

현시킨다. 그 꿈은 곧 "촘촘하게 파란 하늘이 채워"지고, "부리로 사랑 다듬는 무지개 궁전", "그림 같은 집"이다. 이와 같은 보금자리에 대한 꿈은 앞에서 살펴본 고향이라는 행복한 시절의 부활을 그리워하는 잠재된 의식에 다름 아닐 터. 그렇다. 배문석 시인이 갈망하는 까치둥지와 같은 이 보금자리의 꿈은 어쩌면 "사랑이 깃든 보금자리,/거기 푸른 하늘의 목적이 있다./가장 부드러운 것으로서/그것은 가장 권능 있는 신이 틀림없다."고 노래한 빅토르 위고의 〈보금자리〉처럼 가장 권능 있는 신에 의한 눈부신 부활이리라. 다음 작품은 그 눈부신 부활을 노래하고 있다.

나비의 육탈은
아픔을 무늬로 다듬는 의식이다
사람은 알 수 없는 까닭에
형형의 무늬 진 빛깔로
한 번의 하늘을 날기까지
헛된 허물을 벗는 일이다
다섯 번의 허물벗기
달을 채우고 나서야 비로소
하늘로 비상하는
날개에 얹힌 무늬를 보라
눈부신 부활을 보라
은은하게 달빛 머금은.

– 〈달의 우화羽化〉 전문

영원한 이미지로 나타나는 나비는 윤회가 가능하다는 증거로 이집트인에게는 성스런 곤충이라고 했던가. 이 작품의 제목이 왜 '나비'가 아니고 '달의 우화羽化'일까. 그 이유는 아마도 나비와 달의 존재를 동일한 개념으로 인식했기 때문이 아닐까. '우화'란 곤충의 번데기가 변태하여 엄지벌레가 되는 것, 사람으로 치면 '우화등선羽化登仙'에서 알 수 있듯 사람이 날개가 돋쳐 하늘을 나는 신선이 되는 것이기에 배문석 시인의 상상영역에서 '나비'는 단순한 생물학적 곤충의 의미나 상투적인 상상력을 넘어선 영혼과 빛의 세계를 상징하고 있음이 분명하다. 왜냐하면 나비의 "육탈", 즉 "헛된 허물을 벗는 일"이란 그 과정에서 감내해야 하는 "아픔을" "무늬로" "날개에 얹"기 위한, 그리하여 "비로소 하늘로 비상하"기 위한 재생이라는 생명성이기 때문이다. 그 생명성의 힘은 "은은하게 달빛 머금은" "눈부신 부활"에서 정점을 이룬다. 바로 이 점이 배문석 시인의 시를 우리가 사랑하지 않을 수 없는 이유이다.

**계간문예시인선 137**

배문석 시집 _ 바람 위의 집

초판 인쇄 2018년 10월 15일
초판 발행 2018년 10월 20일

지 은 이 배문석
회 장 서정환
발 행 인 정종명
편집주간 차윤옥

펴낸곳 도서출판 **계간문예**
편집부 03132 서울 종로구 삼일대로 30길 21 종로오피스텔 1209호
주소 03132 서울 종로구 삼일대로 32길 36 운현신화타워 305호
전화 02-3675-5633, 070-8806-4052
팩스 02-766-4052
이메일 munin5633@naver.com
등록 2005년 3월 9일 제300-2005-34호
ISBN 978-89-6554-190-5 04810
ISBN 978-89-6554-118-9 (세트)

값 10,000원





이 책은 **구상시인 기념사업회 창작지원금** 일부로 제작되었습니다.

이 도서의 국립중앙도서관 출판예정도서목록(CIP)은 서지정보유통지원시스템 홈페이지(http://seoji.nl.go.kr)와 국가자료공동목록시스템(http://www.nl.go.kr/kolisnet)에서 이용하실 수 있습니다. (CIP제어번호: CIP2018033603)